Dolores Dozo

YouTube y el gol de Messi

AF141789

Dolores Dozo

YouTube y el gol de Messi

La Democratización de la Información

Editorial Académica Española

Impressum / Aviso legal

Bibliografische Information der Deutschen Nationalbibliothek: Die Deutsche Nationalbibliothek verzeichnet diese Publikation in der Deutschen Nationalbibliografie; detaillierte bibliografische Daten sind im Internet über http://dnb.d-nb.de abrufbar.

Alle in diesem Buch genannten Marken und Produktnamen unterliegen warenzeichen-, marken- oder patentrechtlichem Schutz bzw. sind Warenzeichen oder eingetragene Warenzeichen der jeweiligen Inhaber. Die Wiedergabe von Marken, Produktnamen, Gebrauchsnamen, Handelsnamen, Warenbezeichnungen u.s.w. in diesem Werk berechtigt auch ohne besondere Kennzeichnung nicht zu der Annahme, dass solche Namen im Sinne der Warenzeichen- und Markenschutzgesetzgebung als frei zu betrachten wären und daher von jedermann benutzt werden dürften.

Información bibliográfica de la Deutsche Nationalbibliothek: La Deutsche Nationalbibliothek clasifica esta publicación en la Deutsche Nationalbibliografie; los datos bibliográficos detallados están disponibles en internet en http://dnb.d-nb.de.

Todos los nombres de marcas y nombres de productos mencionados en este libro están sujetos a la protección de marca comercial, marca registrada o patentes y son marcas comerciales o marcas comerciales registradas de sus respectivos propietarios. La reproducción en esta obra de nombres de marcas, nombres de productos, nombres comunes, nombres comerciales, descripciones de productos, etc., incluso sin una indicación particular, de ninguna manera debe interpretarse como que estos nombres pueden ser considerados sin limitaciones en materia de marcas y legislación de protección de marcas y, por lo tanto, ser utilizados por cualquier persona.

Coverbild / Imagen de portada: www.ingimage.com

Verlag / Editorial:
Editorial Académica Española
ist ein Imprint der / es una marca de
AV Akademikerverlag GmbH & Co. KG
Heinrich-Böcking-Str. 6-8, 66121 Saarbrücken, Deutschland / Alemania
Email / Correo Electrónico: info@eae-publishing.com

Herstellung: siehe letzte Seite /
Publicado en: consulte la última página
ISBN: 978-3-8484-6788-4

A mis padres,

"Con el apoyo del Programa Alßan, Programa de Becas de Alto Nivel de la Unión Europea para América Latina, nº E06M103717AR".

INDICE

I. INTRODUCCIÓN

1.1. La democratización de la información:

Detrás ha quedado el oligopolio de la información que hasta hace una década detentaban los medios de comunicación tradicionales: la prensa escrita, la radio y la televisión; donde un número cerrado de operadores, de paso obligado hacia la comunicación, ejercían el control del contenido, la relevancia e intensidad, y el flujo de la información.

En el esquema tradicional, caracterizado por su unidireccionalidad, los receptores se limitaban a recibir información dosificada y pasada por el tamiz interpretativo del operador, estando lejos de intervenir activamente, de opinar sobre los acontecimientos, y mucho más lejos aún, estaban de crearlos. La revolución tecnológica y la convergencia, han cambiado todo eso.

De la mano de Internet, se ha pasado de la "sociedad de los medios" a la "sociedad de la información", invirtiendo los roles asignados o al menos ampliando considerablemente el espectro. Hoy, todo es noticiable. Internet es el medio de comunicación por excelencia, y en él, no hay grandes y pequeños. Todos somos capaces de impartir información, de crear contenidos, de ser informado de ellos exhaustivamente en tiempo real, de incidir respecto de la relevancia y grado de importancia que debe dársele a un suceso, y de acceder a la información cruda por múltiples canales directos, sin necesidad de quedar supeditados a la edición de contenido provista por un número cerrado de multimedios.

Sin dudas, aquél poderoso sistema de control de la información ya no existe. A rey muerto, rey puesto, y Google Inc., es hoy el canalizador más grande de información a nivel mundial, y su adquisición YouTube, se erige como la empresa líder del vídeo online para compartir multimedia de todo tipo en la web.

En tanto los contenidos subidos a la red sean realizados de forma privada (no es objeto del presente trabajo analizar la calidad de los mismos), y sean sus titulares quienes los pongan a disposición en el entorno digital, la situación es pacifica y no presenta inconvenientes en cuanto a su legalidad.

El conflicto de intereses nace cuando los internautas suben a la red contenidos grabados directamente del cine, la TV, webs oficiales que transmiten o alojan contenido digital, canales de reproducción de contenidos online, y/o de canales que tienen los derechos de exclusividad sobre el contenido multimedia de que se trate (una serie o programa de TV, una película, un video musical, un acontecimiento deportivo, un disco musical, un programa radial, y/o fragmentos de éstos). Aquí colisiona el derecho de exclusividad del productor audiovisual de sobre la emisión y reproducción de un contenido, con el del ciudadano de informar y ser informado; el derecho de libertad de empresa del operador de multimedios con los del operador de Internet; los derechos de exclusividad del productor audiovisual; los derechos de imagen y los derechos de propiedad intelectual en cabeza de todos los agentes intervinientes.

La práctica más usual en el portal líder de video online YouTube es, que los usuarios editen las imágenes o contenidos (estén protegidos por copyright o no), creen un video, y luego lo suban al portal quedando éste asociado a un usuario univoco previamente registrado.

Atento ello, resulta interesante analizar los límites al derecho a la propiedad intelectual; si estamos en presencia de una obra nueva, una manipulación legítima o ilegitima de una obra existente; en especial referencia a los contenidos subidos que reproducen de forma idéntica y exacta un contenido televisivo o musical, sin respetar el formato original de reproducción, evitando utilizar el audiovisual original.

6

1.2. YouTube y el gol de Messi

El 18 de abril de 2007 se celebró en España la semifinal del torneo Copa de Fútbol de Su Majestad el Rey entre el Barcelona F.C. y el Getafe C.F. Allí, el delantero Lionel Messi marcó un gol que tuvo extraordinaria trascendencia mediática por su semejanza con el que hiciera Diego Armando Maradona en el Mundial de Fútbol de México de 1986 y que fuera catalogado como *"el gol del siglo"* y *"el mejor gol en la historia de la Copa Mundial de Fútbol"*, de acuerdo con una encuesta elaborada por la FIFA en el año 2002 sobre el mejor gol marcado en un encuentro de finales de la copa mundial de fútbol.

Esa misma noche, y a tan solo meses de la compra de YouTube por Google, el vídeo del gol ya estaba disponible en Internet. Decenas de usuarios que habían grabado la jugada por televisión (el encuentro se retransmitió en España a través del sistema de pago por visión – pay per view- de Canal Plus) colgaron el vídeo en YouTube encontrándose hasta 54 versiones del gol y millones de visitas registradas.

A la mañana siguiente, Audiovisual Sport, propietaria de los derechos de televisión del encuentro, prohibía la reproducción del vídeo en YouTube. Al intentar ver alguna de las versiones más populares del vídeo del gol, aparecía una pantalla con la leyenda *"este video no está disponible debido a una reclamación de copyright de Audiovisual Sport"*. Pero, a medida que se quitaban de circulación unos vídeos, se subían nuevos, hasta el punto que hoy en día es posible encontrar cientos de versiones del gol de Messi en YouTube, incluidos videos en formato de machiminia.

A raíz de la repercusión mediática que este gol ha despertado en su momento, y la que Lionel Messi genera en cada una de sus apariciones deportivas, he decidido utilizarlo como ejemplo del impacto que tiene el uso intensivo de las nuevas tecnologías sobre el negocio audiovisual; como también los distintos usos y manipulación que puede hacerse de un contenido multimedia gracias a la tecnología, vulnerando los derechos de propiedad intelectual y de imagen de todas las partes implicadas; intentándose amparar en el derecho a la información y en el principio de libertad de acción que prima en Internet.

1.3. El gigante YouTube

Fundada en febrero de 2005, y adquirida por Google Inc. un año después, YouTube es la empresa líder del vídeo online y el destino favorito de los usuarios de Internet para ver y compartir vídeos originales en todo el mundo. YouTube permite a sus usuarios subir y compartir video clips de una forma sencilla en www.YouTube.com a través de Internet mediante sitios web 2.0, dispositivos móviles, blogs, correo electrónico y redes sociales. Los usuarios también pueden registrarse, suscribirse, comentar videos, votar favoritos y tener su propio canal dentro de la comunidad YouTube. Además, siendo un usuario con la categoría de YouTube Partner, asociando una cuenta de AdSense a la cuenta de YouTube y subiendo videos populares y que generen muchas visitas se puede recibir pagos cuando los ingresos alcancen el límite de pago local según la tabla de pagos definida por Google (se estima extra oficialmente que se puede obtener regalías por aquellos videos subidos al portal que tengan un promedio de 2000 suscriptores, unas 3000 reproducciones de canal, y 2000 visitas por video).

El volumen de negocio de YouTube se calcula en función al número de páginas visualizadas y lo que se cobra por publicidad. Calculando su venta de anuncios en la página principal por USD 175.000 para unos 400.000 usuarios, le genera USD 5.25 millones, suponiendo una página completamente vendida, algo razonable considerando la popularidad del sitio. Además, hay que añadir los cien millones de páginas visualizadas por día, con un CPM estimado en USD 0.70, el total asciende a USD 17.5 millones mensuales (€127 millones). En 2007, los ingresos de la compañía se estimaron en USD

17.5 millones mensuales, frente a una factura en almacenamiento y ancho de banda estimada en USD 2 millones.

Según el reporte de Mark Mahaney de Citigroup publicado en la web AllThingsD, se estima que la página de video online de Google generó USD727 millones en ingresos en el 2009, y alcanzará los USD 945 millones en 2010. Según el analista de Citigroup, Google registraría un ingreso neto de US$2,400 millones, luego de distribuir las ganancias a algunos socios.

Según lo declarado en 2012 por la propia compañía en su sitio web, youtube.com/t/press_statistics, cada minuto se suben 48 horas de vídeo, lo que significa que diariamente se sube a YouTube el equivalente a ocho años de contenido de vídeo. Se reproducen más de 3 mil millones de vídeos al día. Cada semana los usuarios suben contenido equivalente a 240.000 películas. En un mes se sube más contenido de vídeo a YouTube del que producen las tres principales cadenas de televisión de Estados Unidos durante 60 años. YouTube alcanzó más de 700 mil millones de reproducciones en 2010 y 800 millones de usuarios únicos visitan YouTube cada mes. YouTube genera ingresos con más de 3 mil millones de reproducciones de vídeo semanales en todo el mundo.

Cada día se reproducen en Facebook 150 años de vídeo de YouTube (una cifra que ha aumentado 2,5 veces de un año a otro), y cada minuto más de 500 twits incluyen enlaces de YouTube (una cifra que se ha triplicado de un año a otro).

Cada semana 100 millones de personas realizan una acción social en YouTube (por ejemplo, utilizar la función Me gusta, compartir vídeos o realizar comentarios). Un tweet compartido automáticamente da lugar a una media de seis nuevas sesiones de youtube.com, y cada minuto aparecen más de 500 tweets que incluyen un enlace de YouTube.

Es sin duda, un soporte publicitario con un enorme valor, pues debido al poder de la bidireccionalidad y la interacción que permite Internet, la publicidad goza de mucho más impacto que la unidireccionada que ofrece la televisión. Sabiendo que, en el año 2007 servía un minuto de vídeo al día por cada residente de los Estados Unidos, aún sin estimar su tráfico a nivel mundial, la cifra que pueden alcanzar sus ganancias es extraordinaria.

El problema es que millones de usuarios utilizan el sitio para compartir material que infringe derechos de autor de terceros, y YouTube no puede controlar de forma activa la infracción de copyright, pues dado el carácter automático que tiene el hospedaje de los vídeos en el servidor, resulta imposible visualizar uno por uno los vídeos, inviable por el número de usuarios y de vídeos que se suben cada día.

Ante ello, el gran desafío de YouTube es evitar ser demandado por violación a los derechos de autor. A tal fin, ha implementado distintas vías de escape: se establece como principio rector de la web el respeto al copyright, y en las condiciones de usuario se indica subir solo vídeos creados *"por ti o vídeos de los que hayas obtenido derechos de uso"*. Cuenta con acuerdos con proveedores de contenido como CBS, BBC, Universal Music Group, Sony Music Group, Warner Music Group, y NBA entre otros; implementó un software llamado *"Claim Your Content"* (reivindica tus contenidos) que permite a los legítimos propietarios de contenido multimedia saber inmediatamente si están siendo difundidos videos sin su permiso en el sistema; y también dispone de un *"Programa de verificación de contenido"* para solicitar su bloqueo.

Existen varias demandas contra YouTube por vulnerar derechos de copyright de terceros, como la de Robert Tur en California por el vídeo de la agresión física a Reginal Denny, o la demanda de las ligas inglesa y francesa de fútbol, por estar disponibles muchos partidos sobre los que ellas ostentan derechos de autor. Sin embargo, la más relevante hasta la fecha la interpuesta por el Grupo Viacom (propietario de MTV, Comedy Central, Paramount, etc.) por deliberada 'piratería' de sus contenidos, poniéndose en tela de juicio el modelo de negocios de Google, al recibir ingresos de publicidad mientras se reproduce lo que se sube y comparte en YouTube.

El Grupo Viacom reclamó en el año 2006, una indemnización de 1.000 millones de dólares, alegando que en YouTube existían más de 160.000 vídeos no autorizados, visionados más de un millón y medio de veces; hecho que le reportaba a YouTube un lucro, al lograr visitas y vender publicidad ofreciendo vídeos de los que no poseía licencia.

La demandada alegó en su defensa que el Grupo Viacom infiltraba en YouTube (por sí o por intermedio de agencias de marketing) videos del Grupo, previamente modificados para simular pertenecer a usuarios comunes del portal. Así, Google estimaba materialmente imposible determinar cuáles videos infringían el copyright de Viacom y cuáles no.

Después de un pleito que duró largos años, en junio de 2010, el juez en primera instancia estadounidense Louis Stanton absolvió a Google, fundando la sentencia en que la demandada coopera con los autores para proteger sus derechos de copyright cumpliendo con la Digital Millenium Copyright Act (DMCA), en tanto YouTube borra el material que infringe el copyright si reciben una notificación del propietario de los derechos.

El grupo Viacom ese mismo año apeló el fallo ante el Segundo Circuito de la Corte de Apelaciones de Manhattan reiterando su pretendida indemnización de 1.000 millones de dólares por vulneración de derechos de propiedad intelectual contra Google a través de su portal YouTube; alegando que YouTube no puede acogerse dentro del artículo de la DMCA que garantiza inmunidad a los servicios en los que el contenido es subido por los usuarios (siempre y cuando no tenga conocimiento de las violaciones y las de de baja en

11

cuanto le sean informadas), porque el espíritu de esta ley exige que la compañía retire los contenidos que infrinjan la ley inmediatamente, y YouTube nunca lo ha hecho con la suficiente celeridad,

En abril de 2012 se emitió la sentencia de apelación, regresando el caso a los juzgados, al considerarse que es elegible para ser analizado por un jurado.

En ésta instancia el Grupo Viacom se valió de correos electrónicos internos de Google como elemento probatorio, enviados entre Chad Hurley, Steve Chen y Jawed Karim (fundadores de YouTube), donde consideraban viable la posibilidad de no desestimar el contenido ilegal o protegido con copyright, a fin de incrementar el tráfico y vender la compañía. De esta evidencia se deduce que era posible que YouTube tuviera preciso conocimiento de los videos subidos infringiendo derechos de copyright, lo que descalificaría a Google de ser pasible de protección bajo las excepciones receptadas en la DMCA.

En marzo de 2011 en Francia, el Tribunal de Primera Instancia de Creteil falló contra YouTube tras la demanda interpuesta por el Instituto Nacional del Audiovisual (INA), encargado de explotar los archivos audiovisuales de las cadenas públicas de televisión gala, resolviendo que YouTube debería aplicar el régimen de responsabilidad reservado a los anfitriones por la ley francesa del 21 de junio de 2004 para la confianza en la economía digital (LCEN).

YouTube argumentó en su defensa que el INA no puede considerarse como un productor de vídeos conforme a las disposiciones del artículo L 215 1 del Código de la propiedad intelectual, ni una empresa de comunicación audiovisual conforme a las disposiciones del artículo L 216 1 del Código de la propiedad intelectual. Además, alega que el Instituto no tiene derecho a actuar en lugar de los propietarios de los derechos conexos al no haber aportado ninguna prueba de su capacidad para emprender acciones legales en defensa de los archivos audiovisuales de los que afirma ser productora. El INA sin embargo, ha mantenido que cuenta con plena capacidad de obrar, en su condición de derechohabiente del ORTF, TF1, Antenne 2 y FR3.

El Tribunal declara que la difusión y el mantenimiento por YouTube de extractos de programas audiovisuales que pertenecen al catálogo del INA, sin autorización de este último, después de que se le advirtió de su comportamiento ilícito, y el hecho de que la citada firma no impidió la puesta en línea de estos programas, constituye una violación de los artículos L 122 4 y L 215 1 del Código de Propiedad Intelectual.

En consecuencia, se solicita a YouTube que implemente un sistema de filtrado eficaz e inmediato de los videos cuya difusión haya sido o sea denunciada por el INA. Además deberá indemnizar al INA en concepto de daños y perjuicios, aunque el monto fijado por el tribunal de 150.000 euros dista del pretendido por la actora de 2.5 millones.

Esta sentencia podría determinar en España el recurso de apelación que Telecinco presentó ante la Audiencia Provincial de Madrid en el juicio que sigue contra el portal de vídeos YouTube para defender sus derechos de propiedad intelectual.

Asimismo, en abril de 2012 el Tribunal Estatal de Hamburgo ordenó a YouTube instalar filtros para evitar que los usuarios carguen algunos videos musicales cuyos derechos de autor están reservados a organismos que cobran por su uso.

La actora, una organización que representa a unos 60,000 compositores y músicos alemanes denominada GEMA, demandó a Google en su calidad de titular del portal YouTube, respecto de 12 videos musicales cargados temporalmente, por los que no se abonaron derechos de autor.

La defensa de Google se nota influenciada por los motivos que le hicieron ganar el pleito con Viacom en primera instancia, dado que insisten en que no tienen responsabilidad alguna por el contenido cargado, alegando que luego de la notificación por los usuarios de la infracción de copyright, se examina y bloquea el contenido objeto de reclamo; y que además, YouTube ofrece a los titulares de derechos de autor un software que les permite identificar si sus obras se encuentran en la base de datos del portal y detectar infracciones.

Sin embargo, el fallo resuelve que una vez detectada una posible violación, YouTube debe utilizar el software en la grabación para impedir nuevas infracciones de los derechos de autor. Ordenándole además instalar un nuevo programa que filtre videos cargados por posible violación de derechos de autor según palabras clave, como el nombre de los músicos y el título de las composiciones, para atrapar versiones de una canción que solamente parecen un tanto diferentes, como las grabaciones en directo.

II.   LIBERTAD DE INFORMACIÓN

2.1. El Art. 20 de la Constitución Española en el entorno digital

El Art. 20 de la Constitución Española (en adelante CE) es el pilar sobre el que se asienta el desarrollo jurídico de los derechos a la libertad de información y expresión. En particular, el   inciso a) reconoce "el derecho a expresar y difundir libremente los pensamientos, ideas y opiniones mediante la palabra, el escrito o cualquier otro medio de reproducción"; y el apartado d) "el derecho a comunicar y recibir libremente información veraz por cualquier medio de difusión".

A partir del fallo 105/1983 del Tribunal Constitucional Español (en adelante TC), son pacíficas la doctrina y jurisprudencia en interpretar que la norma constitucional comprende dos derechos fundamentales: la libertad de expresión (entendida como opiniones o juicios de valor), y **la libertad de información, definida como la comunicación de hechos noticiables veraces y contrastables**.

La nota de *"noticiable"* dentro del concepto de libertad de información quiere indicar que el hecho que se informa tenga trascendencia pública, por razón de la persona o de la materia, con la consecuencia de que en tal caso, el ejercicio del derecho a comunicar libremente gozará de un carácter preferente sobre otros derechos constitucionales. Esta primacía se debe al fin colectivo que inspira al Art. 20 CE, que pondera ante todo, el interés general de un estado democrático con una comunicación pública libre, sin la cual quedarían vaciados de contenido real otros derechos que la constitución consagra.

Los derechos contenidos en el Art. 20 CE son de aplicación a cualquier medio de difusión de la información (incluido Internet) y a cualquier sujeto, se trate de medios de comunicación o meros internautas.

En relación a la limitación de su ejercicio, ha dicho el Tribunal Constitucional (sentencia 136/1999) que *"(...) las libertades de expresión y comunicación son derechos fundamentales del que gozan por igual todos los ciudadanos de poder expresar sus propios juicios de valor sin sufrir intromisiones por parte de los poderes públicos que no estén apoyados en la ley e incluso frente a la propia ley si ésta intenta fijar límites distintos a los que la constitución admite (...)"*.

Pero, no puede dejarse de lado que Internet es un medio de comunicación mundial masivo, una fuente inagotable de producción de contenidos por un número indeterminado de individuos donde confluyen y colisionan multiplicidad de derechos. Todo ello hace que los conceptos definidos en el Art. 20 CE de libertad de expresión e información queden desligados del fin último querido por el legislador, cuando los usuarios de Internet amparándose en el ejercicio del derecho a informar, suban a YouTube contenidos protegidos con copyright.

Esto es así, porque los motivos que inspiraron el reconocimiento constitucional del derecho era el de garantizarle a cada ciudadano su facultad para expresar sus intimas convicciones y juicios de valor de forma plena y efectiva, pero siempre en armonía con el concepto filosófico que no existen derechos absolutos, de modo que aun tratándose de un derecho fundamental, este no debe ser ejercitado sin ocasionar daños a terceros.

Cuando so pretexto del ejercicio de la libertad de expresión, los usuarios de YouTube suben al portal contenidos (noticiables o no) que infringen derechos de copyright de terceros, se fuerza, cuanto menos, la interpretación del concepto de libertad de expresión reconocido en la Constitución Española, para que ésta acoja bajo su ala una actividad viciada, y que de un modo soslayado pero inequívoco daña derechos patrimoniales e intelectuales ajenos.

2.2. Derecho a la información sobre los acontecimientos deportivos de relevancia nacional

De acuerdo con el Art. 20 CE, el derecho a informar libremente goza de carácter preferente sobre otros derechos constitucionales, siempre y cuando el hecho sea "noticiable" y revista "trascendencia pública".

Con el objeto de lograr equidad en el ejercicio de los derechos, al momento de discernir si la información es o no de interés general, que lo torne "noticialbe", debe ponderarse el derecho a la libertad empresaria informativa consagrado en el Art. 38 CE, actividad que, además de ser el medio a través del cual se difunde la información, tiene un objetivo de contenido económico que no se puede avasallar.

La Directiva 89/552/CE (modificada por las Directiva 2007/65/CE), conocida como la Directiva de Televisión Sin Fronteras, advierte la importancia de regular el derecho de información en lo que concierne a los espectáculos deportivos y la ordenación de exclusivas de los derechos de emisión, para fomentar que los grandes espectáculos deportivos no sean objeto de transmisión encriptada, y recepción condicionada mediante pago.

Ha sido traspuesta en la Ley 21/1997 Reguladora de las emisiones y retransmisiones de competiciones y acontecimientos deportivos, que declara "acontecimiento de interés general" a los incluidos en el catálogo de competiciones de interés general, elaborado por el Consejo para las Emisiones y Retransmisiones deportivas, elaborado anualmente y publicado en el BOE.

Los eventos a incluirse, según la Ley 21/1997, son aquellos donde concurre alguna de las siguientes circunstancias: que sean oficiales, de carácter profesional y de ámbito estatal de acuerdo con la Ley 10/1990 del Deporte (es el caso de las ligas y competiciones de fútbol profesional); que correspondan a las selecciones nacionales de España o que tengan especial relevancia y trascendencia social.

A consecuencia de la inclusión en el catálogo, de acuerdo con el art. 4 ap. 3 de la citada norma, las competiciones deberán retransmitirse en directo, en emisión abierta y para todo el territorio del estado. En relación con los partidos de fútbol de liga y copa, el Art. 5 considera "(…) de interés general un encuentro por cada jornada, que deberá ser retransmitido en abierto, en directo y para todo el territorio, siempre que haya un operador o programador interesado en hacerlo (…)"

Asimismo, el Art. 2 restringe los derechos de explotación audiovisual de sus titulares, pues impone el libre acceso a los recintos deportivos a todos los operadores interesados en acceder a la información y establece que la cesión de los derechos de retransmisión o emisión, se realicen o no en exclusiva, no puede limitar o restringir el derecho a la información.

III. LIBERTAD DE INFORMACION EN LAS NUEVAS TECNOLOGÍAS

3.1. El derecho a elegir la vía de comunicación

El medio de comunicación masivo por antonomasia ha sido desde su creación, la televisión. La TV emite una única señal que se difunde de forma múltiple, pues la misma señal se multiplica según el número de personas que sintonicen sus terminales.

Al servirse de Internet, YouTube le ha dado la estocada de muerte a la TDT, pues compite con los costosísimos sistemas de transmisión de señal de imagen que requiere la televisión para ofrecer una cantidad limitada de canales y brindar contenidos preestablecidos, en el momento pactado para su emisión, a menos que el televidente los grabe.

En cambio, YouTube es una puerta abierta a millones de contenidos, en el momento en que el usuario lo desee, y no puede culpársela por ello, porque técnicamente no es YouTube sino los usuarios que cuelgan videos quienes hacen la competencia a la TV.

Así, YouTube permite la liberalización del mercado audiovisual, dando soporte y alojando a cualquier productor de contenidos, mientras que la TV, limita su transmisión a contenidos y productores determinados. Además YouTube proporciona una audiencia de calidad, porque quien visualiza un video es consciente y quiere informarse de un determinado contenido, y no genera audiencia superflua (dejar la TV encendida o verlo sin atención).

Estas notas hacen de YouTube un soporte publicitario altamente atrayente, siendo que, además, el ordenamiento jurídico obliga a la TV a intercalar publicidad en medio de los contenidos durante lapsos de tiempo tasados, que el consumidor evita cambiando de canal; en YouTube pueden insertarse unos segundos de publicidad antes de que comience a correr el video, que resulte tolerable hasta para los televidentes más

19

inquietos. También pueden patrocinarse los videos más vistos de acuerdo al ranking que elabora el sitio cada semana y mes, y hasta se realizan convenios de publicidad para compartir ingresos entre YouTube y los internautas que suban los mejores videos. De hecho, el sitio cuenta con un sistema para conocer los hábitos de sus clientes y promueve constantemente los clips más populares.

YouTube es la TV, el cine y la música, todo en uno. De hecho, cualquiera tiene acceso a montar su propio canal dentro de la comunidad para emitir contenidos audiovisuales, y son muchas las empresas que ante la innegable realidad han optado por firmar acuerdos de distribución de contenidos protegidos con derechos de autor.

Si todos los productores y canales de TV confluyen en YouTube para comunicar sus contenidos, debido al libre acceso para montar canales de televisión, sumado a la carga de contenidos por los usuarios, entonces si podrá hablarse de un medio masivo de comunicación donde existe el pluralismo informativo, y paradójicamente también, un nuevo monopolio audiovisual.

3.2. El derecho a la comunicación libre de los internautas

Los videos cargados por los cibernautas a YouTube se encuadran normativamente en los distintos apartados del Art. 20 CE, dependiendo del contenido subido. El artículo citado reza: *"Se reconocen y protegen los derechos:*

a) A expresar y difundir libremente los pensamientos, ideas y opiniones mediante la palabra, el escrito o cualquier otro medio de reproducción.

b) A la producción y creación literaria, artística, científica y técnica.

c) A la libertad de cátedra.

d) A comunicar o recibir libremente información veraz por cualquier medio de difusión. La ley regulará el derecho a la cláusula de conciencia y al secreto profesional en el ejercicio de estas libertades.

El ejercicio de estos derechos no puede restringirse mediante ningún tipo de censura previa.

La ley regulará la organización y el control parlamentario de los medios de comunicación social dependientes del Estado o de cualquier ente público y garantizará el acceso a dichos medios de los grupos sociales y políticos significativos, respetando el pluralismo de la sociedad y de las diversas lenguas de España.

Estas libertades tienen su límite en el respeto a los derechos reconocidos en este Título, en los preceptos de las leyes que lo desarrollen y, especialmente, en el derecho al honor, a la intimidad, a la propia imagen y a la protección de la juventud y de la infancia.

Sólo podrá acordarse el secuestro de publicaciones, grabaciones y otros medios de información en virtud de resolución judicial".

Es decir, si el usuario se limita alojar en el servidor un contenido que ha grabado de la TV en un soporte digital, (sin atender a si viola derechos de autor) lo hará en ejercicio del "derecho a comunicar libremente información veraz por cualquier medio de difusión" reconocido en el ap. d) del Art. 20 CE; si realiza un juicio de valor o un comentario sobre el video que ha visto, ejercitará el derecho a libre expresión consagrado en el inciso a); y por último, su conducta se enmarcará en el inciso b) si no sube un hecho noticiable sino que realiza un acto de expresión artística, cuando (aún basado en hechos ciertos y contrastables), el video sea una creación personalísima y subjetiva fruto de su labor intelectual, que pueda ser calificada de obra según la Ley 1/1996 de Propiedad Intelectual (en adelante L.P.I.).

No caben dudas que prima en el entorno de la web la defensa por la libertad de comunicación de los internautas, siendo ello reconocido por la UE en la Directiva

2000/31/CE sobre el comercio electrónico, traspuesta en España mediante la Ley 34/2002, de Servicios de la Sociedad de la información y de comercio electrónico, de donde se infiere que la órbita de acción es más amplia para las cibernautas que para los prestadores de servicios, puesto que al excluir de su ámbito de aplicación a las actividades sin fines de lucro, evita perseguir las actividades de particulares con objetivos personales y no lucrativos.

3.3. Nuevas formas de comunicar: Art Games y Machiminia

La digitalización en síntesis, no es más que combinaciones de unos y ceros. Esta gran ventaja tecnológica, al permitir que un mismo bit sea representado en cualquier soporte digital, ha promovido el nacimiento de innovadoras formas de comunicación, como el Art Game, (basado en modificar un videojuego ya existente para crear escenas que aluden a situaciones reales) y la Machinima, considerada la técnica más utilizada en la creación de Art Games.

Con la Machinima se crean películas utilizando videojuegos. La palabra en sí es un neologismo formado por los términos ingleses "machine" (porque es necesario contar con un ordenador, la "maquina", para jugar, capturar el video y realizar la edición) y "cinema".

Un corto de animación en formato Machiminia se hace en tres pasos: primero hay que jugar a un videojuego; luego ir grabando o capturando esas escenas en tiempo real y finalmente, editarlas. También puede agregarse una cuarta etapa de posproducción e incorporar voces, música, subtítulos, efectos, etc.

La calidad visual y el realismo de los videojuegos más recientes, permiten escoger la disposición de las cámaras, manipular la iluminación y añadir efectos, al extremo que en muchos videos cargados en YouTube es difícil precisar si es la cinta original del gol de Messi o la animación de su jugada lo que se está viendo[1] .

Al ser la Machiminia una forma rápida, fácil y barata de crear una animación, no tener mayor complejidad que la que supone jugar a un videojuego y no precisar más infraestructura que una consola y un ordenador, miles de internautas suben a diario a YouTube sus creaciones.

---

[1] Lionel Messi es fanático de los videojuegos del Fifa 07 y el Pro Evolution Soccer 6, tanto que el año pasado Microsoft lo contrató para que jugara en público a la Xbox 360 en las instalaciones del Camp Nou y explique cómo se comunica con sus amigos y familiares en Argentina mediante la consola.

IV.   DERECHOS DE TRANSMISIÓN DE LOS ESPECTÁCULOS DEPORTIVOS

4.1. Derechos de radiodifusión: Audiovisual Sport

En el mercado audiovisual de fútbol profesional en España, la explotación de los derechos de difusión de los acontecimientos deportivos se gestiona colectivamente. A tal efecto, se ha creado un ente societario de derecho privado, Audiovisual Sport (AVS), que nuclea a los clubes de fútbol y los organizadores de los torneos quienes le ceden sus derechos de explotación televisiva.

AVS es una compañía participada por Sogecable (75%) y MediaPro (25%) para la adquisición, gestión, explotación y administración de los derechos de la Liga de Fútbol y Copa del Rey (excepto la final) y para ello ostenta los derechos de los Clubes de fútbol de la 1ª y 2ª división de Liga española.

AVS explota los derechos audiovisuales antes citados, mediante la cesión a terceros operadores de televisión para su difusión en abierto, en pago o en ppv, o a otros terceros interesados en otras modalidades de explotación (ventas internacionales, resúmenes con otros operadores de televisión nacionales, autonómicos y locales, difusión por internet, telefonía móvil, etc.)

Si bien tanto los clubes de fútbol como los jugadores son los titulares de las imágenes en su calidad de autores pues son quienes intervienen en el acto, han cedido a AVS el derecho de explotación televisiva de las mismas, que posteriormente, AVS gestiona con los canales de televisión. Al efecto, el Art. 48 de la Ley de Propiedad Intelectual, indica que la cesión de derechos en exclusiva *"atribuirá al cesionario, la facultad de explotar la obra con exclusión de otra persona, comprendido el propio cedente, y, salvo pacto en contrario, las de otorgar autorizaciones no exclusivas a terceros. Asimismo, le confiere legitimación, con independencia de la del titular cedente, para perseguir las violaciones que afecten a las facultades que se le hayan concedido".* Es en razón de este artículo el motivo por el que es Audiovisual Sport (no los clubes de fútbol interesados o el canal de televisión) quien reclama a YouTube por violaciones al copyright.

4.2.   Derechos del productor audiovisual: Canal +

Conforme lo dispuesto en el Art. 20 de la L.P.I., "El derecho que asiste a los titulares de derechos de autor de autorizar la retransmisión por cable se ejercerá, exclusivamente, a través de una entidad de gestión de derechos de propiedad intelectual (...)". En este marco, Audiovisual Sport ha cedido un partido por jornada a Canal+ para su emisión codificada, motivo por el cual transmitió el disputado entre el Getafe C.F. y el Barcelona F.C. el 18 de marzo de 2007.

Según el Art. 126 de la L.P.I., las entidades de radiodifusión gozan de los derechos exclusivos de fijar sus emisiones o transmisiones en cualquier soporte sonoro o visual; reproducir y retransmitir sus emisiones o transmisiones; pudiendo a su vez, transferir, ceder o conceder licencias sobre ellos. Al efecto de otorgarle un valor mercantil a la producción audiovisual que efectúe Canal Plus del evento para cederla a otros operadores, debe considerarse entre otros extremos al "valor liga" en cuanto competición organizada, la calidad del partido celebrado (la atracción por el gol de Messi), el valor de los equipos y demás partes intervinientes. Claro que, la cuantía que podrá exigir a los medios no cesionarios que quieran las grabaciones audiovisuales será mucho menor si pueden descargarlo de plataformas de Internet, gratis.

4.3.   El derecho a la información como justificante de la puesta a disposición en YouTube

Como se ha podido advertir, la información tiene dos aristas: el derecho a la información y el derecho sobre la información, que permite satisfacer el primero. Ambos se relacionan

25

entre sí, pero, el primero de ellos, el derecho a la información, es de titularidad universal, y el segundo, no. El derecho sobre la información se encuentra acotado a quienes detentan legitimidad para explotarlo, sea una entidad de gestión, una empresa, una asociación, una productora o un particular.

La programación de los espectáculos deportivos constituye uno de los principales activos con que cuenta el servicio televisivo, negocio que tiene dos variantes: adquisición en exclusiva y posibilidad de ofrecer el evento a través de sistemas de acceso restringido.

En la práctica, adquirir los derechos de explotación de la información cuesta mucho dinero a los operadores televisivos, que además pujan entre ellos para obtenerlos en exclusiva. Por ello, entiendo que subiendo a YouTube contenidos protegidos con copyright, y asociar esta conducta a la defensa de una comunicación plena y plural, alegando el ejercicio a la libertad informativa, resulta excesivo, pues se vulneran derechos fundamentales de terceros.

Así como no existen en el mundo real derechos absolutos, tampoco debe reconocérselos en el mundo virtual, y por tanto, el ejercicio de las libertades debe hacerse conforme a derecho; de otro modo, sería como aceptar la transmisión de información por canales de TV sin licencia o avalar la transmisión por TV de series sin respetar el copyright, aduciendo que con ello aumenta el pluralismo, pero desterrando de plano los derechos de libertad de empresa y propiedad reconocidos en la CE.

¿Pueden acaso las señales de cable Warner o Sony retransmitir por TV los contenidos más vistos de otros canales de TV para beneficiarse ellos también de ese lucro comercial? ¿Por qué entonces puede hacerlo Google a través de YouTube? ¿Solo porque lo hace por Internet?, ¿los canales de televisión no tienen derecho de exclusividad sobre sus productos tan solo porque la vía de transmisión es en línea?, ¿puede entonces YouTube reproducir por Internet contenidos exitosos, los más buscados por los usuarios,

26

los más vistos por todos, que han sido producidos y costeados por empresas y canales de TV, beneficiándose asi de una actividad lucrativa de la que no ha asumido costo ni riesgo alguno, y de la que no comparte beneficios? ¿Es el negocio perfecto a costo y riesgo cero? ¿Deben las empresas resignar los beneficios que reportan sus contenidos online solo porque YouTube se les adelanto en el negocio de la puesta a disposición online de sus propios contenidos?

Diferente es el supuesto cuando en vez de subirse un contenido protegido por derechos de autor, se cree una obra nueva o se transforme una existente, temas que serán abordados más adelante.

V.   DERECHOS DE IMAGEN

5.1. Del Jugador de fútbol Profesional

La Constitución Española (CE) reconoce en el Art. 18.1 el derecho a la propia imagen, lo califica como fundamental y le otorga preeminencia por sobre otros derechos. A tal fin, el Art. 20. Inc. 4 CE establece que el respeto al honor y a la propia imagen constituye un límite al ejercicio de la libertad de expresión.

En este contexto, hay que determinar si la puesta a disposición en YouTube de un contenido audiovisual (tomando como ejemplo en este trabajo el video del gol de Messi), como así también los videos transformando el contenido televisivo o los subidos en formato machiminia, lesionan o no sus derechos de imagen.

De acuerdo con la Ley Orgánica 1/1982, que regula la protección civil del derecho al honor, a la intimidad personal y familiar, y a la propia imagen; para explotar los derechos de imagen de un tercero se requiere el consentimiento expreso de su titular; y, en el art. 7 se incluye como intromisión ilegítima al honor y la intimidad, la utilización del nombre, la voz o la imagen de una persona para fines publicitarios, comerciales o de naturaleza análoga.

Es sabido de los lucrativos ingresos de Google en concepto de publicidad insertada directamente en el portal YouTube o al comienzo de los videos alojados en él. Esto cobra mayor importancia al notar que accediendo a las estadísticas que ofrece el propio portal en la categoría "deportes" (http://www.youtube.com/charts/videos_views), Messi aparece en el top five al buscar "videos más vistos de siempre" y aparece al menos con dos contenidos en el top five de los "videos más vistos de este mes" "videos más vistos de este semana" y "videos más vistos de hoy".

El deportista profesional es el actor del espectáculo deportivo y del entorno que lo rodea. Su imagen es esencial e inevitable para la consecución del evento, y por lo tanto, la ceden al Club al que pertenecen.

Pueden hacerlo de acuerdo al Convenio Colectivo, o mediante contrato individual, como lo dispone el art. 7.3 del R.D. 1006/1985 conforme al cual *"(…) la explotación comercial de la imagen de los deportistas se estará a lo que pudiera determinarse por convenio colectivo o pacto individual, salvo en el supuesto de contratación por empresas o firmas comerciales (…)"*.

Lionel Messi tiene un contrato de cesión parcial de derechos de explotación de imagen con el Barcelona F.C. donde los derechos de imagen que se explotan directamente por el jugador a través del club tienen la consideración de salario; y si se ceden temporal o definitivamente a terceros tendrán la consideración que corresponda según su propia naturaleza (laboral o mercantil) pero al margen del contrato de trabajo.

5.2. Del Club de Fútbol

El derecho de imagen de los clubes de fútbol se integra por un lado, por los derechos individuales que los deportistas le ceden en el ámbito del contrato de trabajo, y por otro los resultantes de su propia imagen como institución. Esa imagen, es la esencia del club en sí; un intangible susceptible de comercialización, valorado en relación a la trayectoria, éxitos deportivos, sus símbolos, su historia y el impacto social de la entidad, entre otros.

El equipo también puede tener su imagen como tal, ligada a sus resultados o al mérito de sus jugadores, pero su comercialización va ligada a quien ellos representan. Por eso, los beneficios de explotación de la imagen del club y del equipo corresponden al club.

La cesión en el contrato de trabajo, de la imagen individual del jugador para su uso colectivo como equipo en el seno de una organización colectiva o torneo de fútbol es vital incluirla, porque de otro modo se necesitaría el consentimiento de todos los integrantes del equipo para poder transmitirse el partido por televisión.

Así, el club dispone de la conjunción de su propia imagen y de la de quienes forman parte de su estructura. De ahí que el R.D. 1006/1985 norma la cesión de la imagen de los deportistas a los clubes para que la disposición en el marco de los medios de comunicación que realicen aquellos sea con la posesión previa de los derechos individuales de cada uno de los componentes.

VI. LIMITACION AL DERECHO EXCLUSIVO DE RETRANSMISIÓN

6.1. Usos permitidos de las imágenes cedidas

La ley 21/1997, limita la obtención de imágenes gratuitas con fines informativos a quienes no sean cesionarios exclusivos del evento, al lapso de tres minutos como máximo, y la Ley de Propiedad Intelectual (LPI), en el art. 50 precisa que *"El cesionario no exclusivo quedará facultado para utilizar la obra de acuerdo con los términos de la cesión y en concurrencia tanto con otros cesionarios como con el propio cedente".*

De esta manera, los titulares de los derechos de explotación se aseguran el control económico casi total de las imágenes y se garantiza el libre acceso a la información al resto de los operadores.

Por consiguiente, el derecho a contraprestación, nacerá en torno a imágenes captadas más allá del campo estrictamente informativo trazado en el Art. 2.2. de la citada Ley 21/1997 de espectáculos deportivos, o por quienes no sean operadores, programadores o productores audiovisuales interesados, y pretendan hacer uso de ellas, conforme el Art. 3.2.

Si bien la autorización legislativa para que terceros operadores se sirvan de imágenes tomadas por su titular exclusivo (Audiovisual Sport) permite usos posteriores a los cesionarios, los permitidos serán aquellos usos previsibles en el momento de la cesión, y acotados a la actividad informativa.

Al respecto, el Art. 34 de la L.P.I., indica que cualquier obra que contenga informaciones sobre acontecimientos de actualidad puede ser reproducida, distribuida y comunicada públicamente, si bien solo en la medida que lo justifique dicha finalidad informativa. A este respecto, hay dos cuestiones a dilucidar: primero, cuánto tiempo se considera razonable entender que un hecho es de interés general, y por ende, gozan los cesionarios del uso gratuito de dichas imágenes; y en segundo término, si dentro de los usos permitidos puede incluirse a la transformación del contenido original.

Para que exista finalidad informativa debe haber un acontecimiento de actualidad; de modo que, el artículo no opera si se trata de acontecimientos que no revisten interés o la demanda social por la noticia está agotada. Traspasado ese objetivo, los usos que los cesionarios hagan de la información, le genera al titular exclusivo el derecho a ser remunerado.

Fijar legalmente a priori el plazo de vigencia de un hecho como "noticia" es inútil, porque ello dependerá de múltiples factores, pero resulta dable advertir que si a la fecha hay medios de comunicación que siguen haciendo uso de las imágenes del gol de Messi tomadas el 18 de abril, propiedad de Audiovisual Sport, deberían responder pecuniariamente a su titular, pues mal pueden ampararse en la finalidad de informar sobre un hecho pasado y harto conocido.

El agotamiento del derecho está previsto en la L.P.I., cuyo Art. 36 establece que "*La cesión del derecho de comunicación pública de una obra, (...) facultará a la entidad radiodifusora para registrar la misma por sus propios medios al objeto de realizar, por una sola vez, la comunicación pública autorizada. Para nuevas difusiones de la obra así registrada será necesaria la cesión del derecho de reproducción y de comunicación pública*". La norma es aplicable a todo contenido audiovisual, películas, series de TV y aquellos que puedan reputarse como obras según la definición del Art. 86 de la ley citada; para el supuesto en estudio, al ser una mera grabación audiovisual, no resulta aplicable, y queda bajo la órbita del Art. 122, que indica "*Los usuarios de las grabaciones audiovisuales que se utilicen para los actos de comunicación pública (...) tienen obligación de pagar una remuneración equitativa y única a los productores de grabaciones audiovisuales (...)*".

En relación al segundo punto, también resulta difícil justificar por esta vía la transformación del contenido original por terceros operadores.

La cesión de imágenes gratuitas efectuada en el marco de los tres minutos, comprende como uso permitido a los cesionarios la retransmisión de las mismas. Siendo que la característica esencial de la retransmisión no es la noticia sino la narración global del evento y la puesta a disposición al público de todos los elementos de la plasmación visual de lo ocurrido, se considera la edición como un uso permitido. Pero este uso no alcanza las transformaciones del contenido hechas en formato Machinima ni cualquier otra creación posterior que tome como base la grabación audiovisual original y exceda el objeto informativo que avala la causa de la obligación, esto es: la cesión gratuita de la noticia.

En relación al Barcelona F.C., sólo YouTube, estaría legitimado para comunicar al público en la actualidad videos del gol de Messi y sus transformaciones, siempre y cuando se respeten los derechos de Audiovisual Sport.

Ello es posible en virtud del convenio que existe entre el portal y el Barcelona F.C., quien dispone de un canal propio en la página web en la dirección www.youtube.com/fcbarcelona. Pero, como el titular de los derechos de explotación sobre las imágenes televisivas es Audiovisual Sport, en el canal del Barcelona solo se alojan los vídeos editados por la televisión oficial del club, Barça TV y las transformaciones que se hicieran de los mismos. Al cederse a YouTube los derechos de imagen y de propiedad intelectual sobre esos contenidos, su subida, visualización y transformación quedan bajo el amparo legal.

Si tenemos en cuenta que gran parte de los videos que hay en YouTube son de fútbol, que los goles se pueden ver minutos después de haber sido marcados, y que hay grandes montajes de los usuarios, resulta interesante este tipo de acuerdos, máxime cuando los beneficios generados se reparten entre YouTube y el Club.

6.2. Usos de imágenes por usuarios no cesionarios

Cuando los cibernautas suben a YouTube un contenido audiovisual captado de la TV, al ser no cesionarios, no gozan de los privilegios de disposición gratuita de tres minutos del extracto informativo, conforme la ley 21/1997. Asimismo, es indiferente si el contenido reviste interés general o si es de entretenimiento (película, etc.). **Lo relevante para determinar la legalidad de su conducta es si poseen o no derechos de autor o permiso de sus titulares para cargar el soporte en el portal.**

Cuando los usuarios de internet se limiten a subir el extracto televisivo del gol de Messi, sin realizar modificaciones, siempre que lo hagan sin fines de lucro, de acuerdo con el Art. 8 ap. 1 de la L.O. 1/1982 que establece *"no se reputarán, intromisiones ilegítimas cuando (…) predomine un interés (…) cultural relevante"* y el ap. 2 indica que *"(…) el derecho a la propia imagen no impedirá: su captación, reproducción o publicación por cualquier medio cuando se trate de personas que ejerzan una profesión de notoriedad o proyección pública y la imagen se capte durante un acto público o en lugares abiertos al público"*, al tratarse de un hecho noticiable de trascendencia pública, en relación a los derechos de imagen, los internautas quedan amparados por la norma al subir videos del gol, siempre y cuando ello sea razonable en función del tiempo, pues no es lo mismo a estos efectos que el contenido se haya cargado en YouTube la misma noche del 18 de abril, cuando era la novedad de la jornada y había gran interés por el suceso, a que se suba el día de hoy, puesto que el concepto de "interés cultural relevante" podrá objetarse, máxime en una sociedad donde lo que hoy es noticia, deja de serlo mañana, y entonces si, se estarían lesionando los derechos a la propia imagen de Messi y del Club que él representa.

En relación a los derechos de explotación de las imágenes que constituyen el video, si se utilizaron imágenes propiedad de Audiovisual Sport, es evidente que se necesita su autorización y por lo tanto no podrían colgarse en la web. Si por el contrario, fueron captadas del canal que tiene el Barcelona F.C. en YouTube, la subida al portal de videos de usuarios sería conforme a derecho.

Sin embargo, ello no impide que sus titulares exijan que se quiten de la web videos de usuarios que utilicen soportes no "oficiales"(más del 90% de los videos relacionados con el Barcelona F.C. cargados en la web), por violar derechos de imagen y propiedad intelectual. Puesto que, el convenio entre YouTube y el Barcelona F.C. se circunscribe a los contenidos emitidos dentro del canal del Barcelona F.C. en la comunidad YouTube, pero no alcanza a los cientos de videos que hay de Messi subidos en el sitio usando el soporte de la TV.

VII. TRANSFORMACIÓN DE CONTENIDOS EMITIDOS POR TV

7.1 Transformación utilizando las imágenes televisivas

Cuando en vez de subir la información sin más, se transforma el soporte televisivo insertándole música, efectos, comentarios, seleccionando y editando imágenes, y se cuelga su resultado en la red, (ésta es la práctica habitual en YouTube, a modo de ejemplo, hay videos que compaginan los goles de Maradona y Messi para poder apreciar su similitud), ¿el usuario se convierte en autor?, ¿estamos en presencia de una obra objeto de protección por la ley de propiedad intelectual?

Debe descartarse de plano la calificación como obra derivada, simplemente porque no existe obra original en tanto las transmisiones de partidos de fútbol son meras grabaciones audiovisuales, receptadas en el Art. 120 de la L.P.I. *"Se entiende por grabaciones audiovisuales las fijaciones de un plano o secuencia de imágenes, con o sin sonido, sean o no creaciones susceptibles de ser calificadas como obras audiovisuales en el sentido del artículo 86 de esta Ley"*. Se trataría una obra derivada si el contenido original fuese una película, una serie, en resumen, una obra.

Por todo lo expuesto, la transformación del contenido televisivo da lugar a una obra nueva, definida en el art. 86 de la Ley citada como *"(…) las creaciones expresadas mediante una serie de imágenes asociadas, con o sin sonorización incorporada, que estén destinadas esencialmente a ser mostradas a través de aparatos de proyección o por cualquier otro medio de comunicación pública de la imagen y del sonido, con independencia de la naturaleza de los soportes materiales de dichas obras"*.

Lo que sucede, es que al servirse del soporte televisivo, si bien es el autor de la obra, pues de acuerdo al Art. 1 de la Ley de propiedad intelectual, *"(…) es autor la persona natural que crea alguna obra literaria, artística o científica(…)"*; para poder ejercitar sus derechos como tal primero debe adquirir los derechos de explotación de la imagen de los terceros que participan sin su consentimiento en el video (el jugador y el club) y contratar con Audiovisual Sport una licencia de uso para ser cesionario de las imágenes.

7.2. Transformación del contenido emitido por TV con Machinima

7.2.1. Notas generales sobre la Machinima

Otra de las modalidades que implementan los usuarios de YouTube para subir contenidos, que amenaza a los protegidos con copyright, es la machinima. Actualmente pueden visualizarse en el sitio gran cantidad de videos que reproducen el gol de Messi bajo este formato.

Como he mencionado anteriormente, machinima es la creación con videojuegos de cortos de animación 3D en tiempo real, bastando para ello tres sencillos pasos: jugar a un videojuego; grabar escenas y editarlas. Luego, en una fase de posproducción se pueden añadir voces, música, subtítulos o efectos.

Esta técnica es hija de la multimedia. Nació gracias a la creatividad de los usuarios de videojuegos, y se desarrolló a medida que la interactividad y los elementos cinematográficos ganaban espacio en la programación de los mismos. Luego, para su consolidación, se ha valido de la digitalización, que le ha permitido combinar diferentes tecnologías y de la difusión que puede darse a las obras gracias a Internet. El paso que se avecina, es que se su uso se haga masivo[2].

---

[2] El despegue de esta técnica se debe en parte gracias a que empresas como MTV y Lucas Films invirtieron en su estudio, al advertir que el Machinima era ideal para conectar con ciertos tipos de audiencias, pre-visualizar guiones y pilotos para películas o crear los *cut-away scenes* que hoy en día inundan los videojuegos.

Para hacer un Machinima sólo se necesita un juego y una consola u ordenador. Usando con ingenio todos los elementos que ofrecen los videojuegos, jugando con el joystick o el ratón del ordenador se dirigen los movimientos de los personajes, sus expresiones, la iluminación, y la posición de la cámara, grabándolo en tiempo real. Este contenido luego puede mejorarse notablemente con una buena edición y la inclusión de música, voz y efectos; esa fase de posproducción se puede llevar a cabo con el programa de edición de video que viene de serie en cualquier ordenador personal u otro.

Por la simpleza de su elaboración, la escasa infraestructura y conocimientos técnicos que requiere, sin dudas es la forma más democrática de elaboración de animación, porque no solo es una tecnología al alcance de cualquiera, también lo es su forma de distribución, basta con alojarlo en la web.

7.3. La transformación: ¿Obra derivada?

Ahora bien, si Audiovisual Sport y las Ligas de Fútbol solicitan constantemente que se quiten los videos con las jugadas y los goles, siendo el fútbol lo más visto del portal, no resulta rentable ni buen marketing para YouTube que los usuarios duden sobre si podrán alojar y visualizar el video que deseen, y a mediano plazo, optarán por re direccionarse a otra web.

El modelo de negocio de YouTube, de contar con toda la información audiovisual que exista, toda la TV al alcance de la mano, no puede ponerse en tela de juicio. Además de Google Inc., los mayores perjudicados son los propios usuarios.

Entonces, la Machinima se convierte en una excelente opción. Si cuando subo el contenido grabado de la TV, es bloqueado por reclamaciones de copyright, entonces se saca del medio a la televisión. Es decir, el usuario crea con su consola de video juegos un machinima representando la realidad, la ficción, o lo que desee, en este caso, el gol de

Messi al Getafe C.F. Luego, se sube el contenido a YouTube comunicándolo públicamente en la web en pos de la libertad informativa.

Gracias a la tecnología, el producto virtual es tan perfecto que se asemeja a las imágenes televisivas al punto que algunas generan confusión con la realidad. La belleza de las imágenes esta casi garantizada: hoy en día la calidad visual y el realismo de los videojuegos es alucinante. La mayoría de videojuegos dan al usuario la capacidad de diseñar escenarios y personajes al gusto de cada uno y además vienen con una gran variedad de posibilidades de visionado: el jugador puede elegir qué y cómo ver las acciones de los personajes; se puede usar el ratón como si fuese una cámara. Además la existencia de modding (modificar los juegos a través de la programación) o cheat codes (conseguir acceso a nuevos contenidos gracias a sencillas combinaciones de teclas) permiten controlar otros elementos como el comportamiento de los personajes o el tiempo atmosférico.

Es esta creación una obra derivada? La respuesta es no. Como dije anteriormente, no existe obra original. El partido de fútbol es una mera grabación audiovisual. Por el contrario, si se tratara de la alteración de cualquier serie de TV o de una película u otra obra audiovisual, se estaría transformando una obra existente, pues conforme el Art. 21 L.P.I., la transformación de una obra comprende **cualquier modificación** de la que se derive una obra diferente. En el caso del machinima, la transformación sería, como mínimo, el cambio de formato, de cine o TV a video juego.

Tratándose de una obra derivada, los derechos de propiedad intelectual de la misma corresponderán al autor de ésta, sin perjuicio del derecho del autor de la obra preexistente de autorizar, la explotación y la comunicación pública de la obra derivada. Por lo tanto, previo a subirlo a YouTube, el usuario debería contar con la autorización del productor audiovisual.

Ello, siempre que se genere confusión entre el contenido original y la obra derivada en machinima u otro formato, que permita hacer una interpretación analógica de lo dispuesto en el Art. 39 LPI para las parodias, que no exige el consentimiento del autor de la obra divulgada, mientras la transformación no implique riesgo de confusión ni se infiera un daño a la obra original o a su autor.

Cuando se trabajen supuestos de alteración sobre series de televisión, películas, videoclips, u otros archivos multimedia, atento lo normado en la L.P.I. y en la Directiva 2001/29/CE que consideran obra el intangible más allá del formato que lo soporte, la violación al derecho de propiedad intelectual resulta evidente, y el productor audiovisual, como titular de los derechos de la obra original, podrá exigir no solo el reconocimiento de los derechos que le corresponden por ser una obra derivada de la suya, sino también interponer una acción por plagio, si la única modificación que se alegue para considerar a la obra como nueva sea el cambio de formato (a machinima u otro), siendo la obra idéntica a la original, resulta discutible que el traspaso a videojuego baste para considerar que ha habido una transformación.

7.4. La transformación: ¿Obra nueva?

La machinima del video del gol de Messi es entonces, una obra nueva, acorde con el art.10 de la L.P.I. que define obra como *"toda creación original literaria, artística o científica expresada por cualquier medio o soporte, tangible o intangible (…)"*.

¿Podría calificarse al machinima como obra cinematográfica y enmarcarla en la definición de obra audiovisual del Art. 86 del citado cuerpo legal?

Dejando de lado el debate teórico sobre la calificación legal de los videojuegos como programa de ordenador, que entiendo ha sido superada ante las posibilidades que ofrecen las últimas versiones de los videojuegos, en tanto reúnen todos los elementos que la L.P.I. exige a las obras audiovisuales, (diferenciándose de ellas por su interactividad) además de contener un programa de ordenador y que se requiera de una computadora para poder jugarlo; el machinima, a los efectos de la presente ley de propiedad intelectual queda comprendido como obra audiovisual; en tanto el Art. 86 considera tales a *"(…) las creaciones expresadas mediante una serie de imágenes asociadas, con o sin sonorización incorporada, que estén destinadas esencialmente a ser mostradas (…) por cualquier medio de comunicación pública, con independencia de la naturaleza de los soportes materiales de dichas obras"*. El hecho de no importar el soporte sobre el que la obra se asiente, hace que, independientemente de la naturaleza que se le otorgue a los videojuegos, **la creación resultante de lo producido con ellos siempre será una obra audiovisual.**

Machinima es cine: pero un tipo de cine que no sería posible sin la existencia de un videojuego. Al jugar y grabar escenas, el usuario está desarrollando una experiencia cinematográfica lineal. La producción de un contenido en machinima se asimila al cine porque son técnicas muy parecidas, el usuario es el director y guionista y la consola o el ordenador hace las veces de un equipo de producción; la diferencia está en el rodaje, porque en vez de actores se usan personajes de videojuegos, puesto que también la edición y posproducción de lo rodado es exactamente igual que en el cine.

Por todo lo expuesto, no caben dudas que es la forma más rápida, fácil y barata de crear una película. Todo lo que hay que hacer es escribir un guión, crear el storyboard y jugar con los personajes siguiendo la historia. Mientras uno juega, se va grabando todo y luego se edita el contenido final.

El único punto débil para considerar como obra cinematográfica el machinima del gol de Messi es que en ellas deben concurrir necesariamente tres autores: el director, el guionista y el creador de la música, junto al productor. Respecto al guionista, como este machinima está basado en la realidad, sería debatible si alcanza a ser un guión la idea del usuario de representar la realidad sumado al story board que maquete para llevar a cabo el proyecto, si se le exigirá originalidad, para considerarlo como guión, y, en el caso del gol de Messi, si necesita la autorización de los verdaderos autores del mismo, que no son otros que quienes han participado en la jugada de fútbol.

De cualquier modo, esta es una cuestión que queda resumida a un plano teórico pues de negársele la calidad de obra cinematográfica, igualmente queda subsumida en la categoría general de obra audiovisual.

7.5. Extremos para su explotación

La obra existe, pero para su legítima explotación, el autor debe adquirir previamente los derechos de aquéllos terceros implicados.

7.5.1. Derechos de Imagen

En torno a si la creación de un machinima del gol de Messi vulnera los derechos de imagen del club y del jugador, interpreto que no; en razón del ya mentado privilegio que ostenta el derecho a la información del Art. 20 CE, en relación a la defensa de otros derechos constitucionales, incluido el derecho a la propia imagen.

Esta posición es reforzada con lo normado en el Art. 8 de la L.O. 1/1982, que no considera intromisión ilegítima cuando predomina un interés cultural relevante, ciertamente el fútbol reviste interés general de acuerdo con la Ley 21/1997 y la Ley del deporte. Además, el referido artículo especifica que el derecho a la propia imagen no impedirá: *"su captación, reproducción o publicación por cualquier medio cuando se trate de personas que ejerzan un cargo público o una profesión de notoriedad o proyección pública (...)";* haciendo alusión a la mayor tolerancia a la exposición pública que se exige a quienes tengan una profesión de notoriedad.

42

De cualquier modo, traspasado el límite de la finalidad informativa, tanto el jugador como el club de fútbol estarían en situación de exigir el resarcimiento económico a YouTube (no al autor del machinima, que ejercita el derecho a comunicar libremente información consagrado en el Art. 20 CE) por la utilización sin consentimiento de su imagen, pues el derecho de imagen subsiste frente a explotaciones hechas al margen de la relación contractual, que le reporten beneficios económicos a un tercero.

A este respecto, el Tribunal Supremo, (STC de 9 de mayo de 1988) al ocuparse de un supuesto de utilización comercial de la imagen de los jugadores de futbol profesional, resalta que *"(...) se produce una intromisión ilegitima en el derecho a la imagen de acuerdo con el ap. 6 del art. 7 de la L.O. de 1982, por no haber procedido la demandada en el uso del derecho a la información sino, por fines de carácter comercial, sin que quepa entender que la notoriedad de la profesión de deportistas que ejercen los actores, otorgue carácter legitimo a tal intromisión..."*.

Si trasladamos el uso de la machinima sobre personas sin notoriedad pública, y se usara por ejemplo, para reconstruir un hecho o la escena de un crimen (no es objeto del presente dilucidar sobre el valor probatorio documental que podría tener el archivo de multimedia), quedaría sujeta la explotación de los derechos de propiedad intelectual en cabeza del autor, a la cesión de consentimiento sobre su imagen de los "actores" de la obra.

7.5.2. Derechos del autor de la música

Por lo general, quien realiza un montaje audiovisual de este tipo, lo hace de forma privada, con los materiales con los que cuenta en su hogar y la mayoría de las veces los usuarios de YouTube desconocen si infringen derechos de autor al insertar un extracto musical en un video.

El derecho del autor sobre su obra se haya limitado por los usos que la L.P.I. permite a los usuarios que hayan adquirido la pieza de forma legal, siempre y cuando, esos usos no afecten la explotación normal de la obra ni perjudiquen injustificadamente los intereses patrimoniales del autor.

Al respecto, la LPI en el Art. 31.1.2 indica que *"No necesita autorización del autor la reproducción, en cualquier soporte, de obras ya divulgadas cuando se lleve a cabo por una persona física para su uso privado a partir de obras a las que haya accedido legalmente y la copia obtenida no sea objeto de una utilización colectiva ni lucrativa (…)".*

Por lo expuesto, si el nuevo contenido audiovisual (ej. Un archivo de machinima) va a ser puesto dentro del tráfico comercial, es innegable que se requiere de la autorización de los autores musicales.

7.5.3. Derechos del titular de las imágenes originales

Se vulneran con la creación del machinima de Messi los derechos de AudioVisual Sport como titular de las imágenes televisivas? Considero que no.

En primer término, porque no se utiliza el soporte de la TV y en segundo lugar, porque la edición forma parte de los usos permitidos por los cesionarios de las imágenes deportivas, y en definitiva, en el proceso creativo de la machinima se graban escenas de un videojuego sujetándolo a un guión determinado (en este caso, es la propia realidad, el gol de Messi) y luego se procede a su edición, por lo que, siempre que vaya acompañado del fin informativo y no haya ánimo de lucro, estimo que la edición y puesta a disposición en la web por particulares responde a los usos permitidos.

Atento ello, nace el creador del machinima como nuevo titular de unas imágenes, que son titularidad de un tercero bajo otro soporte, rompiendo la cadena de causalidad con el productor audiovisual, a quien no necesita solicitar autorización; constituyendo la gran ventaja de la utilización de esta técnica para un sitio como YouTube, aquejado por cuestiones de copyright.

7.5.4. Derechos de autor del videojuego

A nivel comercial, hoy en día la principal industria de machinima, (con el español Ricard Grass como punta de lanza del movimiento) no tiene problemas de copyright porque ha conseguido acuerdos, licencias y utilidades que le permiten usar juegos para fines comerciales. Sin embargo, cualquier persona que produzca con video juegos no puede darles curso comercial porque se violaría el copyright del autor del videojuego.

Usar video juegos para hacer películas (aunque con temas y diálogos muy personales y que nada tengan que ver con el juego original) va en contra con los derechos de propiedad intelectual de los creadores del videojuego. Por ello, de momento el machinima encuentra su espacio para desarrollarse dentro de la web, donde los internautas pueden crear y distribuir piezas sin ánimo de lucro siempre que se respeten otros derechos de autor implicados. Al contrario de generar un problema, las compañías lo ven como publicidad gratuita para sus juegos y a la fecha no se registran demandas por utilizar un videojuego para crear un contenido audiovisual[3].

7.5.5. Derechos de YouTube

No debe perderse de vista que, de acuerdo con su Política de Términos y Condiciones, al cargar un archivo, se otorgan a YouTube una licencia mundial, no exclusiva, para utilizar, reproducir, distribuir, realizar trabajos derivados y ejecutar el archivo incluyendo cualquier formato y a través de cualquier canal de comunicación; y, a favor de cada usuario del Sitio

---

[3] Dentro de unos meses el famoso juego SIMS va a tener una variación "SIMS the movies" que permitirá a los usuarios crear sus propias películas usando estudios, efectos de sonido, expresiones, todo vendrá incluido de serie en el juego. Cuando eso llegue cualquiera podrá crear una película grabarla en el ordenador y distribuirlo por Internet. http://www.comohacercine.com/articulo.php.

Web, una licencia mundial, no exclusiva para acceder a los archivos, utilizar, reproducir, distribuir, realizar trabajos derivados de, mostrar y ejecutar dichos archivos.

Específicamente, el apartado octavo de los Términos y Condiciones del Servicio de YouTube reza: *"Al cargar o publicar Contenido en YouTube, Ud. estará otorgando: a favor de YouTube, una licencia mundial, no exclusiva, exenta de royalties y transferible (con derecho de sub-licencia) para utilizar, reproducir, distribuir, realizar obras derivadas de, mostrar y ejecutar ese Contenido en relación con la prestación de los Servicios y con el funcionamiento del Servicio y de la actividad de YouTube, incluyendo sin limitación alguna, a efectos de promoción y redistribución de la totalidad o de una parte del Servicio (y de sus obras derivadas) en cualquier formato y a través de cualquier canal de comunicación; a favor de cada usuario del Servicio, una licencia mundial, no exclusiva y exenta de royalties para acceder a su Contenido a través del Servicio, y para utilizar, reproducir, distribuir, realizar obras derivadas de, mostrar y ejecutar dicho Contenido en la medida de lo permitido por la funcionalidad del Servicio y con arreglo a los presentes Términos y Condiciones".*

VIII.   RESPONSABILIDAD CIVIL DE YOUTUBE

8.1.   Ante la vulneración de derechos de imagen

El art. 12 de la ley 3/1991 de Competencia Desleal prohíbe *"(...) el aprovechamiento indebido, en beneficio propio o ajeno, de las ventajas de la reputación industrial, comercial o profesional adquirida por otro en un mercado"*. Siendo que, YouTube obtiene sus ingresos por la publicidad y el número de visualizaciones que los videos del gol de Messi hayan tenido, la aplicación conjunta del citado art. 12 de la ley 3/1991 y el art. 7 de la L.O. 1/1982, que considera una intromisión ilegítima *"la utilización (...) de la imagen de una persona para fines publicitarios, comerciales o de naturaleza análoga"* hacen responsable a YouTube en razón al ánimo de lucro que persigue con su actividad comercial.

Aquí el derecho a la propia imagen opera como límite al derecho de expresión, en tanto la puesta a disposición al público de la imagen de Lionel Messi le reporta beneficios económicos al sitio, sobretodo, considerando que hoy no existe otro jugador del fútbol tan googleado, ni que represente más fielmente lo que significa la Web participativa 2.0, inundada con contenido (noticias, videos, fotos, audios) que los cibernautas suben sobre él.

YouTube, en pleno conocimiento que los videos más visitados y que le reportan mayores beneficios son aquellos en los que aparece la imagen y virtuosismo de Lionel Messi, promueve el laissez-faire en las acciones de sus usuarios que sabe ilegítimas y que le consta, lesiona derechos patrimoniales de terceros en beneficio propio.

8.2.   Por la vulneración a los derechos de propiedad intelectual

El problema angular de YouTube y de cualquier otra web 2.0, es que captan usuarios de forma masiva para que compartan y comuniquen públicamente contenidos que son alojados en el sitio de forma automática, por lo que los videos no están sometidos a un

47

control de admisión previo, y muchos de ellos infringen los derechos de autor de sus titulares.

Ante esta situación, en defensa de los derechos de propiedad intelectual, la OMPI elaboró el Tratado sobre Derechos de Autor, y como consecuencia de este tratado, en Estados Unidos se redactó la Digital Millennium Copyright Act (DMCA), y en Europa la Directiva 2000/31/CE. La DMCA es una ley que sanciona no sólo infracciones al derecho de autor sino también la producción y distribución de tecnología que permita sortear las medidas de protección del derecho de autor. Por su parte, la Directiva 2000/31/CE, dispone que *"los Estados miembros no impondrán a los prestadores de servicios una obligación general de supervisar los datos que transmitan o almacenen, ni una obligación general de realizar búsquedas activas de hechos o circunstancias que indiquen actividades ilícitas"*.

En España la Directiva ha sido traspuesta mediante la Ley 34/2002 (conocida como LSSI), que no responsabiliza a los prestadores por la información almacenada a petición del destinatario, siempre que ellos no tengan conocimiento efectivo de que la información lesiona bienes o derechos de un tercero susceptibles de indemnización, o si lo tienen, actúen con diligencia para retirar los datos o hacer imposible el acceso a ellos. Para cumplir con este propósito, YouTube cuenta con alternativas para solicitar el bloqueo de contenidos protegidos con copyright como "Claim Your Content" o el "Programa de Verificación de Contenido".

Más allá de las previsiones legales con que cuenta YouTube para contrarrestar las infracciones al copyright, debe responder por ser quien provee el medio que el usuario utiliza para infringir los derechos de autor y de imagen. Quien pone a disposición de terceros la tecnología que se usa como medio para causar un daño debe responsabilizarse y así evitar que se produzcan ilícitos a través de ella.

La defensa de YouTube está basada en que no puede controlar de forma activa la infracción del copyright dado el carácter de automático que tiene el hospedaje de los vídeos en el servidor, y que tampoco está obligada a hacerlo.

Sin embargo, al menos en España, su actitud inerte respecto a lo que hacen sus usuarios en el portal al estilo liberalismo absoluto, incurriría en violación de la LSSI, en tanto deviene de público y notorio conocimiento que Google conoce efectivamente que la información alojada en YouTube lesiona bienes o derechos de un tercero susceptibles de indemnización, y que no actúa con diligencia para retirar los datos o hacer imposible el acceso a ellos.

8.2.1. Del Productor Audiovisual Deportivo

Actualmente hay 2 demandas millonarias contra YouTube de productores audiovisuales de espectáculos deportivos por infracción al copyright:

- La de la Asociación de Fútbol de la Liga Premier Ltd.

- La de la Liga de Fútbol Profesional Francesa.

Ambas acusan a YouTube de promover deliberadamente a través de su sitio web, una masiva infracción a los derechos de autor para generar atención pública e impulsar su tráfico, explotando los contenidos en su propio beneficio, siendo perjudicados los titulares, al estar disponibles muchos partidos sobre los que ostentan derechos de autor.

Lo cierto es que desde YouTube se infringen masivamente los derechos de propiedad intelectual de los productores audiovisuales, quienes ven como un día tras otro los internautas suben vídeos con las mejores jugadas y goles ante la permisividad del sitio. El problema es que en su defensa, YouTube alegue que cumple con lo normado en la LSSI y en la DCMA al poner al alcance los medios técnicos para que, luego de la notificación por el productor, sean retirados del sitio los videos que violen el copyright.

49

IX. CONCLUSIONES

El slogan de YouTube "Broadcast Yourself" ("difúndete a ti mismo") se ha consagrado como la gran revolución de la web 2.0. Hoy, internet para el usuario es sinónimo de personalización, de blog, de puerta abierta a sus opiniones, es un marco perfecto y en auge para expresar y desarrollar sus ideas, difundirlas libremente, recibir cuanta información quiera, y todo ello, gratis. Para él todo redunda en beneficio.

En este entorno, YouTube es el sitio líder a nivel mundial para compartir videos en la red, y Google Inc. protege su nueva adquisición con un discurso que lo asemeja más al portador de la bandera de la libertad informativa de los cibernautas que a un grupo empresario avalando su modelo de negocio.

YouTube gracias a las posibilidades que ofrece Internet, ha puesto en jaque al mercado de la Televisión y la música. Los productores audiovisuales deben competir con una tecnología que no respeta tiempos, grillas de programación, ni territorio; que a su vez, crean costosos contenidos que luego de su divulgación son puestos a disposición inmediatamente en la web, arrasando con los beneficios que hasta ahora recibían por contar con la exclusiva, en concepto de retransmisiones y licencias de uso a terceros operadores. La TV está en Internet, y si quieres verla, entra en YouTube.

No caben dudas que con este quiebre del sistema audiovisual de comunicación, se abre el espectro de voces comunicadoras, generando un movimiento de democratización de la información, en tanto cualquiera puede crear contenidos, subirlos a internet y esto es positivo pues contribuye a que exista pluralidad informativa.

El problema es, que muchos usuarios, aprovechándose del alojamiento automático de los videos en el servidor, suben contenidos que violan derechos de propiedad intelectual. Siendo que no es objeto del ordenamiento jurídico sancionar las conductas de los particulares en ese sentido, debe responsabilizarse a Google Inc. como el medio a través del cual se infringen derechos de terceros pues obtiene beneficios económicos por ello. Resulta antijurídico que determinados canales de información (cine, radio y TV) deban gastar cantidades astronómicas para disponer de contenido multimedia de todo tipo (ej. las repeticiones de los torneos de fútbol, estrenos, exclusivas, etc.) y al mismo tiempo se cuelguen en YouTube gratis, con lo cual se convierte en el sitio más consultado.

Más allá de la manda de la LSSI, entiendo que una viable solución a la sistemática infracción a los derechos de copyright de los productores audiovisuales en Internet, puede venir de la mano de convenios con los Proveedores de Servicios en Internet, donde Google repita y/o distribuya el lucro obtenido a través de la puesta a disposición en Internet de los contenidos protegidos con copyright, en tanto son los ISP quienes ponen a disposición del usuario la tecnología a través de la cual se perjudica a los productores audiovisuales, produciéndose ilícitos a través del portal, que redunda en un beneficio económico de exclusiva propiedad del ISP (y en algunos casos de los usuarios de YouTube), generándole además, mas visitas, mas tráfico, más éxito y mejor posicionamiento del portal a expensas del menoscabo de derechos de terceros.

El segundo problema con el que se enfrentan los productores audiovisuales, es que detrás del fenómeno del "Broadcast Yourself" surgen nuevas revoluciones tecnológica como el Machinima, pues nunca ha habido algo tan barato, con tanto potencial y flexibilidad para que los internautas expresen sus ideas. Es un nuevo género cinematográfico al alcance de la mano del usuario, que les permitirá demostrar la ilimitada capacidad de los videojuegos de originar nuevas formas de arte, con el peligro que conlleva que se comiencen a copiar episodios, películas y todo tipo de contenidos audiovisuales en formato machinima, tal como ya puede visualizarse el gol de Messi en YouTube.